첫 키스

신자윤 시집

첫 키스

신자윤 지음

발행처	도서출판 청어
발행인	이영철
영업	이동호
홍보	천성래
기획	육재섭
편집	이설빈
디자인	이수빈 ǀ 구유림
제작이사	공병한
인쇄	두리터

등록	1999년 5월 3일
	(제321-3210000251001999000063호)

1판 1쇄 발행 2025년 9월 10일

주소	서울특별시 서초구 남부순환로 364길 8-15 동일빌딩 2층
대표전화	02-586-0477
팩시밀리	0303-0942-0478
홈페이지	www.chungeobook.com
E-mail	ppi20@hanmail.net

ISBN 979-11-6855-370-5(03810)

본 시집의 구성 및 맞춤법, 띄어쓰기는 작가의 의도에 따랐습니다.
이 책의 저작권은 저자와 도서출판 청어에 있습니다.
무단 전재 및 복제를 금합니다.

시인의 말

시집을 낸다는 것은 시인의 마음을 독자에게 건네는 일입니다.

시는 혼자만의 것이 아니라, 느끼는 모든 이의 것이므로 나의 독자가 곧 내 시의 평론가지요.

나는 『첫 키스』가 첫눈처럼 설렘과 지워지지 않는 여운으로 누군가의 가슴 한편에 은은한 온기로 남기를 바랍니다.

여기까지 오게 한 모든 분께 한 분 한 분 깊이 감사드립니다.

처음을 기억하며 설렘을 간직한 모든 이에게 첫 키스를 드립니다.

2025. 신자윤

차례

3   시인의 말

1부 불꽃의 강을 건너

10   릴케에 대한 나의 랩소디
12   마지막 마궈토
14   고추잠자리
16   도둑괭이 패션
18   놓친 열차 레시피
19   첫날밤
20   느티
22   그것을 보다
24   안경 맞춘 날
25   오장칠부
26   풀씨처럼
27   복수초로 살기
28   물방울, 귀
29   퉁소
30   룸메이트
31   주인 없는 이력서
32   첫 키스

2부 슬픔의 첫 음파

36 퐁나동굴 늪 근처에서
38 귀 빠트리기
40 봄, 스프링, 용수철
41 15도 기울어지다
42 고래 걱정
44 장수말벌의 꿈
46 엄마와 여자
48 주연과 조연 사이
49 포메라니안의 신념
50 두 얼굴을 가다
52 겹 띠동갑 내기
54 중독이 중독에게
56 난타공연
58 공놀이
59 빨간 바지
60 새들의 건축술
62 고깃국과 웃음소리
63 은갈치와 섀도우

3부 익어가는 것들

66   결혼, 비즈니스
68   마늘 까는 남자
70   쪽파의 난
71   후숙
72   보릿고개 전설
74   보랏빛 곱사꽃
75   내리사랑
76   명동 백작의 외출
78   자투리
79   낙화에 대하여
80   연명치료
81   연명치료 거부
82   어떤 해후
84   호숫가에서
86   몽당비 안장식
88   고정관념 유래
89   귀향
90   먼산바라기

4부 내 절망에 꽃이 피었어

- 92 그에 대한 나의 감사
- 94 네 안에 내가 있다
- 96 잃어버린 지우개
- 98 직지, 오아시스를 찾아서
- 100 길들이기
- 101 콩나물 추억
- 102 동심원 1
- 104 동심원 2
- 105 dead mask
- 106 소리분수
- 108 왼발잡이 고라니 봄
- 110 부라더 미싱
- 112 스크루지와 고양이
- 114 화요일은 알토란국
- 116 제비뽑기
- 117 바람의 귀엣말
- 118 고추밭
- 120 나팔꽃

1부

불꽃의 강을 건너

릴케에 대한 나의 랩소디

그해 5월
나는 그를 처음 보았지
나도 몰래 벌어진 꽃잎은
촉촉한 알갱이로 꿈틀거렸어

그것은 숨길 수 없는 열정의
숨 가쁜 몸짓

그 기운, 하늘에 닿을 즘
나는 그를 향해
겹겹이 오므린 연정을
한꺼번에 터뜨렸지

처음에는 바람인 줄 알았어
지나 보니
첫사랑은 한여름 밤, 한 번뿐인
불꽃놀이

그것은 피고 지는 것이 아니라
시들지 않는
청춘의 물구나무

거꾸로 보는 것이
진짜일 수도 있어

나는 지금도
내 입술에 닿지 못한
그리움 하나
몽글몽글 달빛 속으로 파고드는 밤

내 가시를 바라보다
내 향기에 찔려
고이 잠든
어느 시인의 문장이 떠올라

마지막 마궈토*

한번 나서면
등줄기에 소금꽃 피어서야
돌아갈 수 있는 고향집

히말라야 동쪽 끝, 고개 넘어 고개
남북으로 눈 덮인 산 가르는
횡단산맥 사이
날짐승, 쥐새끼만 내통할 수 있는 길

길이 사람을 만들고
사람이 길을 짓는다 했던가

말과 마방, 심장 태운
목숨 건 외줄, 간당간당
협곡과 사투를 벌인다
해발 4천 미터 앞
마궈토는 건들대는 바람에도
손 내밀지 않는다

신이 내린
쓰촨성 잎사귀와
티베트 말고기
그 팽팽한 흥정
히말라야
천년 잔고는 얼마나 남았을까

설산 아랫마을
큰 바위 뚫고 날아든
문명의 바람

들키고 싶지 않은
처녓적 걸음걸이를
들추고 있다

누가 처음 이곳을
길이라 했나

*마궈토: 차마고도를 오가며 말과 차를 교역하던 마방의 우두머리.

고추잠자리

몇 번인가 둥글게 맴돌더니
엉겅퀴 꽃말에 엎드려 입맞춤한다

활주로는 없다
붉은 날개 반짝이며 비행을 서두른다

너는 세상에서 제일 작은 헬리콥터
작은 날개, 공중을 가르기까지
네 시야에
얼마나 많은 시간이 쏟아져 내렸을까

어느 공학자가
네 맑은 눈망울을 훔친 헬리콥터
전장을 누비며 위력을 과시하지만
네 붉디붉은
꼬리의 열정을 흉내 내진 못했다

그는 조종사 없이
날개 한 뼘 펼치지 못한다

문명틀에 저당 잡혀
시인과 차 한 잔 나눌 여유가 없다
보랏빛 작은 꽃잎 팔짱 끼고
안드로메다를 여행할 꿈을 꾸지 못한다

스치듯, 떠나는 자유를 논하고 간 너
가을 하늘, 바람줄이 내어준 길 따라
시 한 줄 입에 물고

슬며시, 각도 없는 구름에 몸을 맡긴다

도둑괭이 패션

호피 무늬 정장과 구멍 난 고독이
떨어져 나간 한 조각 얼룩무늬를 찾아
선창가를 기웃거린다

짙은 비린내 뒤로 슬쩍 드리워진
호기심 가득 찬 바다

물 때 만난 사내가 거칠게 혀끝으로
고립된 섬을 침범한다

그녀는 흠뻑 젖은 스펀지로 볼모가 된다
태풍을 몰고 온 침묵이
파들대는 비늘을 단숨에 발라낸다

물이 뒤엎인 해안가

미끄러운 그물망 뚫고
살빛 향기가 밀려든다

댕기 푼 미역줄기의 전위적 댄스
암호 푼 포로의 마지막 교성

여자 모음이 허공으로 분절된다
잘 가, 그동안 즐거웠어

여자가 유행 지난 허물을 배 밖으로
벗어던진다

놓친 열차 레시피

시큼한 퇴근길, 전동차 플랫폼에
눈치 없이 굴러 들어온 분당선 막차
나는 손 흔드는 일이
이렇게 어려운 줄 몰랐다

예정된 시간의 문이 닫히고
차창 너머, 아련해지는 네 뒷모습
나는 한 장의 배경화면이었다

너와 나 엇갈린 이정표는
차곡차곡 쓰러져 갔고

동그라미
시동 소리만 들어도 덜컹거리는 나는
오래 갈 수 있는 열차를 기다렸다
한 칸에 네 자리를 태운 채

놓친 열차
왜 아픔보다 달콤한 냄새가 자꾸 날까

첫날밤

저녁놀에 물든 볼
고아히 흐르는 곡선 타고
품 넓은 소맷자락에 속눈썹을 묻는다

열아홉 철부지, 열일곱 꽃단지
첫 문 두드리는 날
바람마저 숨죽이는 열두 폭, 다홍치마
다소곳한 가락지 한 쌍
낯선 두 마음, 합환주에 입술 적셔
한울 향해
두근두근, 한 걸음, 한 걸음

온 동네 개 짖는 소리
침 발라 창호지 뚫는 눈동자 등살
은은한 촛불
녹색 저고리, 옷고름을 재촉한다

그 얄미운 전설
지금 어느 별, 문틈을 엿보고 있을까

느티

할아버지의 할아버지가 심어놓은
그는 봄을 몇백 번쯤 견딘 인상이었지

예닐곱 꼬마 숙녀였을 때
나는 그 길고 부드러운 잎을 볼에 비비며 물었지
어떻게 하면
당신처럼 좋은 어른이 될 수 있나요

그 봄날 이후
그는 내 창가를 지키는 보병이 되었어

젖가슴 봉긋해지던 어느 날
내 가슴은 뛰었고
나는 하늘과 바다가 뒤바뀌는 상상을 했지
무작정 어디론가 가고 싶었어
방향은 아무래도 좋았지

그는 넉넉한 양산으로
내 이유 없는 반항만큼 깊은 그늘을 내주었고
첫 항해를 시작할 때
그 황금빛 팔의 근육은
내 지느러미가 되어주었어

그가 씨앗을 남기려는 욕구마저 사라져
녹갈색 꽃을 피우지 못할 즘
그는 내 어깨에 손 얹으며
햇살 좋은 날, 돌아가고 싶다 말했지

그는 내 결혼 앞두고
한쪽은 붙박이장
한쪽은 내 아이의 책상으로 자신을 추천했어

그것을 보다

새들의 급한 뒷간은
씨앗의 친정

씨앗은 바람에 실려 떠돌 때도
앉을 자리를 안다

가볍고 작은 한 톨
땅 딛고 줄기 세워 텃밭에
긍지를 내린다

가뭄과 벌레 옆에 끼고
꽃잎 속 주머니에
고향을 품고 사는
흔하디흔한 꽃

도로변 한 뼘도 안 되는
틈새에서도
고개를 드는 얼굴

영토 전쟁 한번 없이
우리 땅에서 피고 지는 꽃

그 누가 심지 않아도
기다려주는 이 없어도
봄을 먼저 깨우는

민들레
그 하양

안경 맞춘 날

조용한 나라 호수에 봄이 빠진 날

나는 그의 팔짱 끼고
프리지어를 가슴에 안았다

같이 산다는 것
길들여진 말을 구하다
사자와 맞닥뜨리는 일
바다에 흘러든 이물질끼리
부딪히고 뒹굴다
차돌맹이가 되어가는 일이다

타이타닉 티켓을 구하려다
오랑캐를 만나는 일이고
같이 산다는 것은
날마다 도수 맞추는 일이라서

부부 싸움한 날
나는 사과나무를 심는다

오장칠부

언제부터인가 내 손바닥 안에
정스럽지 않은 주어가 살고 있다
너는 혹시 램프 요정, 지니인지도 모른다

하루 종일 깨어 있는 불빛
나는 무슨 일만 생기면 주저 없이
너를 찾는다

네 가느다란 그물망은 나의 동맥
나는 눈 뜨자마자 네 창문으로 달려가
거미줄 타고
세상을 향해 달리기 시작한다

너를 한순간이라도 놓치는 날이면
세상으로부터 쫓겨난 듯 옴짝달싹 못 한다

내 불만은 너를 가까이할수록
내 가까운 사람들과 멀어지는 것
나는 언제쯤 네 창틀 앞에서 자유로울 수 있을까

풀씨처럼
―너, 희망

숨 쉴 수 있는 공간과
하늘을 나는 비행기가 있어도
너 없는 세상이란, 그저 살아지는 것
산다는 것과 그것은 언덕 너머 차원이다

용광로처럼 뜨거운 모래사막 위
온몸으로 너를 부르짖는 나
나는 쇳덩이 같은 짐을 등에 지고
방향도 깊이도 알 수 없는 너를 향해
한 걸음 한 걸음을 떼낸다

끝없이 이어진
희미한 발자국 속에서도
아무렇게나 던져진
작은 풀씨처럼 스스로를 믿으며
나는 너를 그린다

한 방울, 한 방울의 기적이
선인장 농축된 잎술을 적실 때까지

복수초로 살기

날 건드리지 말아요
노란 꽃잎 예뻐서라며 핑계대지 말아요

나는 손끝 저미는 설한 속에서
한 발짝 한 발짝
언 땅 두드려 깨우는 작은 부싯돌

내 향기는
쇠붙이 무게 앞에서도
고개 숙이지 않아요

피어나는 것은 설렘의 반쪽
햇살이 내 등 쓰다듬는 날
나는 부지런한 꿀벌의 구애를 기다려요

나는 아지랑이 장전하여 봄을 부르는
계절의 총잡이
가장 먼저 눈을 비비는 복수초랍니다

물방울, 귀

잔잔한 걸음으로 다가와
곱스레 반짝이는 물비늘의 천국

천수만
청각빛으로 넘실대던 해역
도요새 머물던 물의 정원에
고요를 깨무는
드론이 들이닥친다

슬금슬금, 해안선을 저만치 따돌린다
태곳적부터 풍겨오던
방울방울 물비린내, 기가 막힌다

입은 적도 벗은 적도 없는
물방울의 천성
조용히 울음을 모은다

쫓겨난 물결의 원초적 곡조가
빌딩 숲 안으로, 안으로 침입한다

퉁소

두만강에 파묻지 못한 소절
정월대보름에 대물림 된다

갈기갈기 잡귀 쫓는
북청사자 타고

텅 빈 마디 마디
침묵의 강을 건넌다

모죽참대 터질듯한 변주

매끈한 바람은 퉁소가 아니다
울어버린 소리는 퉁소가 아니다

바람 불어야
흔들리지 않는 청공

울다 웃는

룸메이트

철근 부목 덧대어 녹슨 관절 딛고 선
손때 묻은 남향집
알록달록하던 알맹이가 빠져나간 자리

그곳엔 붉은 날도 푸른 날도 살지 않는다

툴툴거리는 세탁기가
군용담요색 바지를 탈탈 털어 뒤집어 넌다
이 빠진 주머니가 흘린 오백 원짜리 동전
엄지발가락 앞에 또르르 나동그라진다
날쌔게 자판기 커피 한 잔의 신기루를 챙긴다

인공 조미료에 버무려진 삼시 두 끼니
옛날 엄마 된장국 맛을 더듬는다
밤이면 서로 각을 세운 골목
이내, 낡은 기차 화통 소리가 빠져나간다
눈 감고도 알 수 있는 남편이
눅눅한 빨랫감으로 돌아누워 있다

주인 없는 이력서

언제부터인가
유행이라는 이름이 내 얼굴을 물들이기 시작한다
나는 그 펜 끝에 짓눌려
한 톨, 살냄새도 싹 틔우지 못한다
나는 누구와도 스스럼없이 울다, 웃다
새벽 닮은 노래를 품고 살았다
그는 내 날개에 금빛 칠을 하고
온몸, 액세서리로 칭칭 감아 전시장으로 내몰았다
그는 치렁대는 진주목걸이 앞에
엄지손가락을 홀로 치켜 세운다

내 날갯죽지 본능은 분홍 리본 풀어헤치고
도서관에 처박힌 내 안, 미라를 흔들어
필사적으로 날아오른다
거리는 패션이 넘쳐 나지만 향수병 속엔 향기가 없고
애인 입술에 키스가 살지 않는다
이력서에 시인이 넘쳐나지만 시집 속에 내 속살이 없고
숲속 난쟁이들 허풍이 널브러져 있다

첫 키스

약속은 없었다

그때 혀는
설렘의 싹이 돋아나다가
본능적으로 예감할 수 있는
순간을 앞두었다

피켓을 들고 나타난 두려움은
입천장에 웅크린 채
숨죽이고 있었다

한마디도 할 수 없었다

남자가 뜨거운 콧김으로
윗입술에 마법을 걸자
숲이 달려와
정신없이 나무를 흔들어댔다

어둠이 끼어들어
밤의 신화에 대한 기대를
숨기지 않았다

아랫입술은 자동으로 점화되어
날개를 폈다

서로가 서로의
고백을 내뿜어
섭씨 천도의 알갱이를 섞어 태어난
여자의 첫 무대

마리아 칼라스에게 보내는
우레와 같은 박수 소리보다
황홀했다

내 첫 번째 키스는
내 첫 번째 키스는

서로가 뛰어든 강물 위에서
급물살을 타고 있었다

2부

슬픔의 첫 음파

퐁냐동굴 늪 근처에서

퐁냐동굴, 밀림박쥐 초음파는
슬픔이 터진 첫 번째 발음이다

나는 동굴 늪 근처에서
밀림박쥐 날갯짓을 스캔한다

그것은 나 아닌
다른 짐승의 슬픈 눈망울에 대한
스펙트럼 효과

수련밭 바위틈새에
진황색 혈류로 내려앉는 놀

나는 둑 언저리 놀빛을 괴고 앉아
자음을 모의하다 추방된
직립의 원시남자를 연모한다

대각선으로 쏟아지는 유성 아래
동굴 밖 그 남자와 나는 한 낱말로 소통한다

남자는 생명력을 거스르지 않기 위해
해묻이 주춧돌에 엉덩이를 문지르며
첫 꿈을 기록했을 것이다

아직 혈흔이 끈적거리는
짐승 닮은 등껍질의 온기

그 원시 남자, 넓은 어깨에 내렸던
수만 년의 체온이
스카프처럼 내 온몸을 휘감는다

나는 덫에 걸려 멍든 발목으로
경중경중
언덕을 뛰어다니는 겁먹은 암노루

나는 반쯤 감긴 눈을 뜨고
전생의 기록을 더듬는다

귀 빠트리기

내가 제비 돌아오는 날,
새로운 희망 품고
연둣빛 저고리 차려입는 꿈을 꿀 때

문지방에 기댄 만삭의 어둠이
전쟁 같던
하루를 끝낼 준비를 하고 있었다

때맞춰 저 깊은 곳으로부터
나를 데리러 온 시간의 지느러미가
머뭇거림 없이
내 심장의 박동 소리를 직감한다

순식간 수십 조 이슬 세포가
한 땀 한 땀 햇살을 감지하고
잎사귀들이 우르르 달려와
기운을 맞대어
동틀 준비를 서두른다

"깨어나라, 깨어나라"

수탉 나팔 소리에
내 귀가 본능적으로
봄의 양수와 함께 빠져나온다

봄, 스프링, 용수철

꽃샘추위가 두 주먹 불끈 쥐고
엇박자에 널을 뛴다

살얼음 건듯 망설이던 절기가
몸 풀고 도수 갈 채비를 서두른다

개구리, 눈알 굴리는 걸 보니
바람이 봄을 탔나 보다

시냇물, 자갈 사이로 몸 비트는 사이
2월은 스스로 탯줄 끊고 울음을 터트린다

천진한 계절의 핏덩이를 위해
아낌없이 솟아오른 새벽 젖무덤

덩달아 튀어 오른 바이올렛
그 진보라

15도 기울어지다

며느리, 싹싹하다 공손하다
언제나 와인 한 모금 머금은 입매
먼 길 돌아와 내 강으로 스며든 이름

손자 손녀에게 하나뿐인 바다
큰 소리 내어 웃지도 울지도 않는다
나는 며느리가 대문을 나서면

낯선 골목이 펼쳐진다

딸, 내 속으로 열 달 품어 내놓은
나의 분신
인사성도 없고 무표정하다
내 일상에 관심이
있다가도 없고, 없다가도 있지만
큰 소리 내어 울기도 웃기도 한다
나는 그 애가 대문을 나서면

내 마음이 먼저 달려 나간다

고래 걱정

소래포구, 어둑해지는 부두가
사람 반, 갈매기 반
축제가 날아든다

팝콘 냄새 따라 무리 지어 쫓아다니는
눈치 빠른 갈매기와
아이돌 된 듯
기분을 만끽하는 아이들

부두는 불꽃 튀는 K팝 무대
동작마다 박수꽃이 피어나고
하늘에는 별꽃
바닷속엔 불꽃이 흐른다

나는 무심코
갈매기 낮은 날갯짓을 본다
"갈매기가 물고기 사냥을 해야지"

어미 갈매기, 눈 흘기며 퉁명스럽다
"아이들이
물속, 비닐을 쪼아대느니
팝콘이 나아요"

나는 혼잣말로 중얼거렸다
"이러다, 이러다
고래가 진짜 사라질지 몰라"

장수말벌의 꿈

위장 전투복 속에 독침을 품고 사는 나
사람들은 천적이나 되는 것처럼
나를 피해다니기 일쑤지

웡웡거리는 내 굵은 목소리가
위협적일 지도 모르겠어
하긴 내 종족 가훈은 대대로
아방가르드*야

8월, 어느 비 개인 오후였지
그들 술안주에 낚여
내 지하궁전이 산산이 불살라진 날은

나는 지금도
그 풍비박산 난 폐허에 남아 있을지 모르는
새끼들 날개 잔해를 찾고 있어

이기려는 욕망은 싱싱한 불길 같아

그들은 내가 새끼를 낳아 기르고 있는 집을 보면
필사적으로 덤벼들지

나는 우리가 왜 이토록
목숨건 전투를 벌이는지 아직 몰라

사실 내 독침은 방패일 뿐
다른 이유는 없거든

서로를 모른다는 것이 죄라면 죄겠지

세상 모든 전쟁은 무지에서 싹틀 거야
아마 우리처럼

*아방가르드(프랑스어: avant-garde): 선봉(先鋒). 전위 예술. 문화에서의 규범이나 전통, 현상의 경계를 극복하려는 운동.

엄마와 여자

겨울이 엄마 거울을 들여다본다
훤히 보이는 엉킨 거미줄
눈 밑에 스민 그믐달 그림자

참 많이도 모서리를 부딪힌 이름
기억 저편
엄마가 내 딸이었을지 모르겠다

그 빚 갚느라, 엄마라는 식민지에
붉은 꽃잎을
가두어버린 것은 아니었을까

엄마 하루는
다섯 개 도시락과 전쟁을 치르고 나서야
새벽 문이 열렸다

만가닥 실로 얽혀진 엄마와 나
그 실타래 풀고 나서도
엄마와 딸로 남을 수 있을까

이제 깍두기 담글 때마다
새우젓을 넣고 또 넣는다
떡국을 맛나게 먹고 떡국을 기다린다

엄마는 해 질 무렵
낯선 거울 앞에서
핑크빛 립스틱을 바르고 또 바른다

엄마는
차마 보내버린 소녀를 가끔씩 찾는다

엄마는 여자다

주연과 조연 사이

꽃은 전생에 투사였다
꽃잎에 혀가 돋아난 순간
꽃밭은 조용한 날이 없었다

한 송이로도 눈부신 장미
그 요염한 입술로
신화 속 여왕처럼 왕관을 쓰고 싶었다

백옥 같은 피부의 안개
화원의 천사였으나
장미의 들러리가 되기 싫었다

꽃병 속, 잠 못 드는 갈등
소문은 바람 타고
풀로라 귓가에 닿았다
봄날 웨딩 홀
시든 하나의 운명

입관도 없이

포메라니안의 신념

그녀가 내 애교를 끌어안는다
새빨간 손톱 마찰이
거세된 본능을 깨운다

오늘 밤, 그녀 둥근 뿔테 돋보기가
졸고 있던 결혼사진을 클로즈업한다

결혼 30년 만에
젊은 여자 팔짱 끼고 날아간 사진 속 남자
그 천진한 눈웃음이
그녀 히스테리를 부른다
나는 그 남자가 이유 없이 밉다

태어난 지 사흘부터 그녀와 부대껴 온 나
주름까지 닮아가고 있다

나는 그녀 외손녀 재롱을 질투한 적이 많다
나는 말하지 않아도 통하는
그녀와 기대어 살고 싶다

두 얼굴을 가다

피할 수 없는 고향
바라나시

소똥과 개똥으로 발효된 골목
가로지른 가트 아래
한 번도 꺼지지 않은 불씨
갠지스 여신
춤사위가 시작된다

나는 구릿빛 물결
그림자 저편
끊을 수 없던 사슬
살기 위해 죽기로 한
일상을 따라가 본다

그들은 갠지스 품에서
돌아가는 길 묻지 않는다
떠나온 길 듣지 않는다

가난한 자
타오르다 만 검은 뼈다귀 연기
죽어서도
흐르지 못한 이름

카스트가 강 건너
불구경을 하고 있다

겹 띠동갑 내기

딸 앞에 서면
패자가 되는 엄마

건망증
싸라기눈 흩날리듯 해도
아침마다
안부전화, 거르지 않는다

처음부터 엄마는
딸이 가둔 물고기
엄마에게 딸은 귀여운 날강도

말하지 않아도
마음이 먼저 닿는 사이
유사 이래 페널티가 없다

경로당 패션, 꽃무늬 몸뻬바지
삶은 달걀, 다방 커피 두 잔
소풍 가듯 보행기를 재촉한다

시간의 강을 건너버린 기억
딸내미 집 비밀번호 앞에 서면
닻을 번쩍 들어올린다

한 남자의
바람빠진 스캔들 한 줄
잠시 교차로를 건너지만

날개 돋친
시집살이 공동저서 한 권으로
수다가 보약인
한 동네 겹 띠동갑 내기

그날이 그날인 기출문제 정답이
긴장한 채 낮잠을 즐긴다

중독이 중독에게

우리 집 안방 뒤편에
스타크래프트가 살고 있다

밤마다 검붉게 치솟는 불길
누군가의 비명을 집어삼킨다

지문이 닳아빠진 검지
그는 히드라리스크*전략으로
오늘 밤 영웅이 될 터이다

결혼, 40년
가는 귀머거리 붙박이장
그녀는 실눈 뜨고
TV를 농단하고 있다

그녀 메뉴 탈리오** 법칙

볼모로 잡힌 드라마 재방송 볼륨이
양동이 속 미꾸라지 거품처럼
보골보골 올라온다

그의 달력 한 귀퉁이
빨간 동그라미에 갇힌
결혼기념일

자정도 그녀를 훌쩍 넘긴다

*히드라리스크: 스타크레프트 게임에서 근육강화 업그레이드를 하면 속도가 빨라짐.
**탈리오 법칙: 무제한의 보복을 제한하기 위한 보복의 원칙.

난타공연

엊그제 이사 온 위층 쌍둥이 엄마
무지개 시루떡 한 접시를 내민다

고명처럼 딸려 온 이란성 쌍둥이
머루 포도알 같은 눈망울 속
오늘 밤 레퍼토리가 반짝인다

우르르 탕탕
프라이팬과 냄비 뚜껑이 맞붙고
다그닥 다그닥
천장과 바닥을 누비는 말발굽
대장간 망치 소리 쾅쾅쾅

주방, 거실, 베란다까지
집안 구석구석이 공연장이다

아파트마다 벼랑 끝에 매달린
어린이집, 귀빈 녀석들

음표는 모른다, 박자도 없다
더 높이, 더 멀리
천둥처럼 울리고 번개처럼 오른다
관리실 소음 경고 따위는 가라

쌍둥이 나가신다 길을 비켜라

공놀이

그는 피라미드를 꿈꾸는 인간

알고 있을까
높이 오를수록 꼭대기에
아무것도 없다는 것을

그는 양을 모으기 위해
끝없이 거짓 웃음을 방목한다

어린 양은
더 어리석은 양을 앞다투어 몰고 간다

황금빛 날개는 천사일까
눈부신 색깔은 하늘일까

조물주는 원래 장님이었나

오른손에 사탕, 왼손에 조미료
그는 두 개의 공을 굴리고 있다
그들은 영혼의 거울이 있을까

빨간 바지

강간 뉴스가 있던 날 밤
나는 빨간 바지 차림으로
진달래 동산으로 이어진 숲속을 헤매고 있었다

내가 햇볕을 쬐기 이전부터 본능에 귀 기울인
또 하나의 나
옷고름, 매었다 풀었다
산적 두목을 기다리다, 도망치다

온몸 돌돌 말아 굼실굼실 한없이 굴러 들어갔다
그곳은 나처럼 되살아난 불씨들이
층층이 잉걸불이 되어가고 있었다

빈 하늘을 허우적거리다
낭떠러지에서 굴러떨어진 적이 많았으므로
그 꿈은 네모난 벼랑이었다
새벽이 축축한 이불 속으로 파고들자
나는 무의식에서 깨어난
송충이 한 마리가 기어나가는 것을 보았다

새들의 건축술

지양산 뒷길

무리진 향기 좇아 오른 밤동산
백 오십 살은 먹어 보이는 나무우듬지

산세와 어우러져 몇 년째 고집스런 그 둥지

산천을 삼킬듯한 태풍에도 끄떡없는
공중요새
나는 그 정교한 건축술 기원이 궁금하다

나뭇가지 주춧돌 삼아
가우디 손길보다 야물게, 거푸집도 없이

아지랑이 펼쳐지는 날
한껏 솟아올라
한 치 오차도 흘리지 않은 솜씨

설계도 한 장 없이 지구 모양으로
공학보다 공학적인
그것은 앎일까 학습일까

서로 커닝(cunning) 한번 없이
저마다 집 모양이 어찌 그리 닮았을까

진흙과 나무 부스러기 섞어
풀 매듭으로 엮고
가슴털에 침 발라 꼼꼼히 챙긴 인테리어

누구, 숨결일까

고깃국과 웃음소리

고깃국 냄새 풍기던
내 결혼식 날,
아버지는 조용히 말씀하셨다
"고깃국보다 웃음소리,
담장을 넘어야 한다."

그것은 된장국과 나물 밥상 위에서도
웃음 한 사발씩 얹어주시던
아버지의 온기였다

그때는 눈치채지 못했다
바람 따라 덩실거리던 햇살이
어느새 그림자를 몰고 온다는 걸

아들이 결혼을 앞둔 날
나는 그 말을 보물지도처럼
조심스레 꺼내 놓았다
아들은 묵은 미소로
"고깃국과 웃음소리는 같은 말이에요."

은갈치와 섀도우

한여름, 어둠 속 서귀포 선상의 갈라쇼
내 날렵한 몸짓은 별빛보다 빛났지

시간이 멈춘 듯한 순간
분명 세 번째 점프가 문제였어
내 스텝에 추파 던진 낚시꾼에게 낚인 것은

나는 세 살짜리 도마 위에서 마지막 칼춤을 추었어
칼자루 잡은 푸짐한 횟집 여주인 등에 업고
이빨을 드러낸 회칼
그녀는 마지막 순간
진주 알갱이 같은 내 피부에 찬사를 보냈어

호랑이는 죽어 가죽을 남기고
사람은 죽어 이름을 남긴다지

나는 상상해 보았어
펄 섀도우는 내 먼 조상이 죽으며
클레오파트라 화장대 위에 새긴 이름이란 것을

3부

익어가는 것들

결혼, 비즈니스

그가 정년퇴직하는 날

서른 해 새벽밥 차려준
아내 얼굴 떠올라
백화점 보석 코너 앞에서
몇 번이나 망설이다 고른 원석 목걸이

그녀는 취향도 아닌
호박색 메달, 목에 걸고
코맹맹이 웃음소리를 건넨다

눈 맞으면 불꽃 튀던
이불 속 이벤트는
땅굴로 통하던 먼 옛날의 수수께끼

그녀는 때때로
된장찌개에
소라귀를 송송 썰어 넣는다

그가 잡힌 물고기에게 던지는 떡밥은
싱거운 어항에 낀
물비린내를 닦아내는 일

신세계보다
리모델링이 편해진 시즌 2의 시작이다

그녀는 안다
결혼이 진화된 협상 테이블이라는 것을

그 또한 안다
잡힌 물고기가
때로는 푸른 바다를 그리워한다는 것을

마늘 까는 남자

주방 평등을 들어본 적 없는
구식여자
아들 향해 "부엌은 적진"

그는 유통기한 지난
곰탕을 데워 먹고 사는 X맨

먼 산 뻐꾸기도
아무 때나 울지 못하던 시절
하루 일거리보다 산더미인
마늘 세 접

언제부터였을까
산 너머 무지개를 숨기고 살던
벙어리꽃이
마이크를 잡았다

그해 겨울, 김장 날
빙점은 국경선을 넘었다

그는 앞치마, 거꾸로 두른 채
주방 한켠에 쪼그리고 앉았다

한 톨 한 톨, 껍질 벗긴 자리에
못다 보인 속마음이 쌓여 간다

그녀는 40년 묵은 빨래를 했다

쪽파의 난

톡 쏘는 푸른 향기 버무려
우리 집, 쪽파 김장하는 날

"싱겁게, 싱겁게"
자기 후렴구에 맞춰 파 다듬는
남편 손길이 바쁘다
나는 양념 간을 포 뜨듯 덜어낸다

어설픈 겉맛, 성숙해질 때까지
슬그머니 시간의 손길에 주사위를 던진다

기다림은 어느새 기대감으로 부풀고
조바심 안고 봉인된 뚜껑, 열리는 순간
충혈된 흰자위와 숨죽였던 생기가
일제히 금방이라도 뛰쳐나올 듯하다

짭조름한 시절이 좋았던 쪽파
항아리 속 바닷물이
김치로 물결치지 못한 이유를 항변하고 있다

후숙

이른 봄날
별똥별을 몰고 온 흑호랑이 한 마리
돌사진 찍는 날
사진사가 서열을 사열시킨다

할아버지 틀니엔 고춧가루 한 점
손자는 두 눈 깜빡, 윙크
NG 날 때마다
함박꽃은 계급을 초토화시킨다

늑대 한 마리, 여우 꼬리로 쌓아올린 성
토끼들이 옹기종기, 귀를 쫑긋 세운다

오늘, 액자 속에 심은 웃음꽃
희망봉 찾아 바다로, 바다로
동심원을 그릴 때

나는 말하지 않겠다
"착한 것만으로는 살 수 없다고"

보릿고개 전설

벼 타작 끝난 만경 들판은

밀짚모자 눌러쓴 농부들이
보리 파종에 들떠있었다

서로 사이좋게 잘 크라고
줄 맞추어 뿌리는 손길에 번개가 스쳤다

된서리에 푸른 시절 다 녹아내려도
늙은 부모, 어린 자식 배곯이는 넘어야 했다

뿌리마다 불씨를 품고
속살 선보이는 타작의 시간

보리 수염에 목덜미 들볶여도
톡톡, 황금빛 알곡 터질 때
웃음보따리도 절로 풀렸다

텅 빈 들녘
흙냄새에 물이 차오르면
들판은 어느새 푸른 무늬를 꿈꾼다

모심는 날 구성진 모찌기 리듬 따라
이고 온 새참
참새도 동네 사람들 군침을 불러들였다

펑퍼짐한 여인 같은 양푼에 비벼대는
꽁보리 비빔밥
잘 익은 열무김치 하나, 참기름 한 방울이면
수라상이 공손히 고개 숙였다

한 번도 잔칫상에 오르지 못했지만
명품, 한정식 별미가 된 꽁보리밥

그때, 그 들판을 생각하면
대식구 밥그릇 채우려
수천수만 번, 세상 향해 허리 굽힌

우리네 아버지가 떠오른다

보랏빛 곱사꽃

새 한 마리 날아들지 않는
고지식한 고택
능소화 그늘
붉은 벽돌담에 늘어져 있다

농사일 많은 청상과부집 외며느리
그녀 손맛은
시래기만 주물럭거려도 고기반찬

그녀가 짓던 양반스런 자태의
치마저고리
한복 디자이너가 울고 갈 만큼 고왔다

서른세 살, 마마보이 암으로 떠나고
70년 시집살이, 시어머니 따라 줄행랑쳤다
논밭 팔아 지켜낸 외아들
뉴요커로 날아간 뒤

뒷뜰, 무화과나무가 그녀 곁에 남았다

내리사랑

어버이날, 딸내미가 배달한 선물
한나절, 핏물 우려
뼛속 깊이 달이고 달인 진국

말없이 밤을 지샌 그 빛깔
딸내미 마음이 우러나온 듯하다

퇴근길, 남편이 사 들고 온 잘 익은 복숭아
예쁜 것 고르고 골라
신문지에 싸고 싸서 냉장고 깊숙이 감추어 둔다

자식이 먹는 것만 생각해도
봄비에 제비순이 솟아오른다

때로 치솟은 팔뚝만 한 불길이
셀 수 없이 문을 닫아걸어도

그것은 바람 부는 날
수수깡으로 두른 사립문이다

명동 백작의 외출

태어나 단 한 번
호텔 결혼식에 간 자칭 명동 백작
저녁 한 끼니가
이천쌀, 반 가마 값
일부러 굶은 허기의 반란
불쑥불쑥
그의 뱃속 상황을 브리핑한다

표정 없는 샹들리에 아래
사춘기 소녀 젖무덤만 한
바게트 두 쪽
아스파라거스 세 쪽 옆에
수줍게 올라앉은 호주산 안심 스테이크
좀 늙은 포도주 몇 모금과 커피향…

한때, 굶어 본 적 있는 명동 백작에게
세상, 아무리 뒤집혔어도
행복이란 질 보다 양

그는 결혼 행진곡에 맞춰
고향 마을 잔칫집으로 줄달음친다
부잣집은 소 잡고
어떤 집은 닭 한 마리 놓고
맞절해도
동네방네 웃음소리, 한마음이던 그때

짚으로 곱게 엮어 만든
달걀 한 꾸러미도
부끄럽지 않은 축의금이었지
요즘은 강 건너 불구경
밥값을 먼저 이해해야 하니

잔칫날은 국수 가락 훌훌 길어올리며
술배가 불렀는데
주인도 손님도 상다리 걱정하면서
명동 백작, 문득 달려오는 예감 하나
머지않아 결혼식 이벤트에
AI가 입장할지 모른다는

자투리

혈통 좋은 나무와 나무를
짝짓기 해주고 난 자투리
팔다리 등골 휘어
이리저리 차이다 폐기물이 되었다

그들은 잔뼈 붙이고
갈비 토막 다독여
황혼길
등받이 의자가 되기로 한다

여기저기 못 박힌 구멍들로
잠 못 드는 밤

금방이라도 문 열고 들어올 것 같은
유치원 졸업사진, 해맑은 웃음이
그리움으로 서 있다

물보라 되어 날아간 자식은
잘라낸 머리카락의 머릿결 같은 것

낙화에 대하여

저 꽃잎은 씨앗을 품었다

계절은 우주의 기운으로
생명을 키우고

사랑의 열매 하나
맺을 때마다

자신을 가만히 떨군다

연명치료

어젯밤 시퍼렇게 서 있던 꿈속 장승이
저승사자를 가로막은 것일까

입 좌악 벌려진 채 산소 줄 길게 꽂힌 콧구멍
가래 뽑는 소리 길게 끄글대는 걸 보니
다부진 간병인 하루 일당에 청신호가 켜진다

가뭄에 콩 나듯 구경 온 마누라, 포자들
눈치코치가 쓰나미로 빠져나간다

한량이었다는 소문, 눅눅한 침대에 뛰어들어
바퀴에 차인다
빼액빼액, 1초의 머뭇거림도 없는 기계음
그의 숨소리보다 솔직하다

이정표가 무시된 자동차 한 대
국경선 앞에서 깜빡거린다

누군가, 손을 흔들고 있다

연명치료 거부

숨이 기어 다닌다
깜짝깜짝

초록, 빨간 신호등
아직 살아있구나

꼬리 내린 본능

아무리 크게 불러도
대답 없는 눈동자

서명 한 줄
살아 있었지

어떤 해후

추모 공원

곡소리와 소음이 범벅된 화장장
관망실 앞
어디서 본 듯한 이미지
두 시간째 나무 의자에 기대어 있다

어쩌다 "참, 세월은…"

30년 만에 마주친 시든 목소리
무슨 말을 건네야 할지
뜨거운 커피 핑계로
침묵이 홀짝거리는 사이
지난 세월이 한시름 놓는다

3분 전…
깜빡거리는 전광판 숫자가
유족들을 불러들이고

우리는 죽어서도
쓸모없는 자식, 밥걱정하는
사진 속 어머니를 배웅한다

이름도 성도 모른 채
흑백사진 속, 인연이라 불리던
시어머니, 먼 친척과 나

그것이 다인 것처럼
우리는 그렇게 작별하고 있었다

호숫가에서

그날 밤, 내 머리 위로
소낙붐 하나가 지나갔어

호숫가 바람은 모른척했지

잔잔하던 물결, 멈칫 하다
밀린 숙제처럼 몰려들었어

나는 너를 바랬지만
끝내 잡지 않았지
이유를 썰어낼 시간도 없이
우리는 그렇게 멀어져갔어

며칠째 싸늘한 밥상 앞에
마주한 건
너의 그림자였을까
아니, 내 그림자였을 지도 몰라
이별의 법칙처럼

나는 아직도
너의 온기가 남아 있는
눈사람을 두 팔로 껴안고 있어

*소닉붐(sonic boom): 제트기가 음속을 돌파할 때 내는 충격파 때문에 생기는 폭발음.

몽당비 안장식

갯바람 따라
막춤 추던 물 가상자리 무수리
억새에 밀려
가을 축제 때, 주인공 한 번 해본 적 없다

안방에 초대되어
꽃병 속 장미와 섞여 어깨동무하는 일은
꿈도 꾸지 못했다

사람들에게
첫 꽃대를 내어주던 순간도
꽃이라 불리지 않았다

날마다 쓸고 또 쓸었다
엄마가 그랬듯이

뚝뚝 떨어져 나간 갈빗살
머리숱 다 빠진 노구, 비명도 없이

높푸른 가을 하늘 아래
수의 한 벌 걸친 몽당비

검은 머리 방울새 쉬어가던 고향
갈대숲에
가만히 귀를 뉘인다

돌아가야 할 세계
그 한쪽 끝이
사선으로 달려오고 있다

성냥개비 머리가
마지막 불꽃놀이 자락을
서둘러 들춘다

비바람 저편
흔들리지 마라
흔들리지 마라

고정관념 유래

제비 한 쌍 돌아와
둥지를 리모델링 한다

그들은 날마다
자신의 안테나와 결투를 벌였단다

닭장 속
봄볕에 꾸벅거리던 귀가
세상 밖으로 고개 돌린다

수탉 한 마리 암탉 등살에 올라타
동네 어귀를 가로질러
태평양을 횡단한다

닭벼슬이 생긴 건 그때부터였다

철탑 끝에 매달린
환상 한 뼘
그들 사전에 도랑이란 단어가 없었다

귀향

신갈 나뭇잎 하나
뒷산 귀퉁이, 마른 가지 위에서
누렇게 뜬 피부를 움츠리고 있다
평생 분첩 한 번 못 두드렸나 보다

열렬한 매미, 구애받을 때
잠시 초록이었던 그녀
발그레할 때 어미가 되었나 보다

검버섯 피도록
손발 없는 벌레 부양하느라
갈기갈기 살점 떨어져
바스러지며 젖을 물린 표정

그렇게만 살았나 보다

이제
코스모스랑 구름 덮고
고향으로 돌아가려나 보다

먼산바라기
—시인

뜬금없기에 뜬금인 그
"옛날에는 그랬지요"
최고라는 말에
저울추를 고정시키지 않는다
논바닥이 갈라질 때
그는 화두 꼭대기에 올라
물꼬를 트고야 만다

바람이 먼저 다녀간 자리에서
그는 천천히 먼 산을 바라본다
내 인생을 남 얘기처럼 살고
남 얘기를 내 인생처럼 여긴다
맑은 햇빛으로 톡톡 튀어오르다
동굴을 만나면
가장 먼저 횃불을 비춘다
시치미라는 말이 어울리고
솔직이라는 말이 어울리지만

그는 항상 두고 온 이야기가 많다

4부

내 절망에 꽃이 피었어

그에 대한 나의 감사

거울 속에 적혀있는 빛바랜 얼굴
더듬더듬
소리 내어 읽어나간다
오래 묵은 그림자가
버섯처럼 올라오고

사라진 줄 알았던 흔적들이
물방울 되어 맺힌다

조심스레 묻어두었던 시간들을
한 겹씩 꺼내본다

한 걸음도 떼지 못했던
망설임 속 내 모습
거울 속 가위바위보로 흘려보낸 날들

지기로 마음먹은 그날
그는 조용히 작은 씨앗 하나를
내 안에 옮겨심었다

그 씨앗은
뿌리 내리고 잎을 틔웠다

어느 날, 내가 그의 어깨를 어루만지며
나직이 말했다

"내 절망에 꽃이 피었어"

네 안에 내가 있다

내 생일에
꽃다발을 들고 온 너

나는 네 뒤로 몸을 비틀어
공중에 뜬 입체를 껴안았지
너는 충혈된 눈의 농담도
수다스런 붓놀림도 묻지 않았어

푸른 빛은
날아다니는 환상이 아니라
남루한 사랑, 빠져나간 외로움이라는 걸
우린 직감하고 있었지

심장은 지금을 관통하는 거라서
마지막 꽃대에 비틀거리는 향기는
너, 나의 눈높이였지
비린 꽃이 피려는 몸짓과 그것은
처음부터 같았어

보험설계사로 날아든
옛 애인의 뒤통수
우리 이야기는 간극의 그림자를 밟고
걸어다니는 그림 속을
빠져나오고 있었지

잃어버린 지우개

지상을 덮은 폭설
12월의 나들목이 갇혔다

아차산 등산로 입구
돌진한 소용돌이에
비명 뚫고 인터넷 뉴스에 뜬 파문

분홍신 한 짝
절룩거리며 주인과 함께 사라진다

사시사철 포갤 수 없는 다리
진통제에 잠을 미룬 밤
아무리 이불을 당겨도 마디마다
시린 한기

흩어진 뼈, 삭제된 통증이
꿈마다 뼈 밖에서 웅성거린다
다시는 바닥에 닿지 않는 종아리 밑
뼈의 절규

조각조각 거리를 맴도는
부산물 움트는 소리
여기저기서 봄이 붐빈다

분홍신
바람 짚고 나이테 꼭대기에 서 있다

직지, 오아시스를 찾아서

1377년

나, 직지심체요절은
고려시대, 충북 청주, 흥덕사에서 태어났어
사람들은 나를 직지라고도 부르지

예로부터
중생은 세상, 오아시스 찾아
사막을 헤매는 날짐승이었어

나는 그들 향해
날던 방향, 살짝 바꾸어 보라
귀띔했지

끊임없이 사포질한 마음에
큰 눈동자가 열린 날

사막 한가운데
자비가 물결처럼 퍼져 나갔지

최초 금속활자본인 나

사람들은
나를 활자의 등불이라 칭송해

어쩌다 프랑스로 건너가
120년의 타향살이를 시작했지

그 어두운 터널을 홀로 헤쳐나와
2001년
유네스코 세계기록유산으로
거듭났어

나는 잠자고 있던 쇠붙이를 흔들어
활자에
생명의 입김을 불어넣었지

그것은 황금빛 전설이 되었어

길들이기

내가 전부인 양, 나 없이 못 살 것처럼
내 귓불을 간지럽히던 남자
한 번도 그 그늘 떠나본 적 없는 나

어느 날부터
그가 그녀 귓가에 몰래 날아들어
언어유희를 즐긴다

그 소액 주주가
내 블루칩 어깨를 넘볼 때

새는 산속에서만 사는 것이 아니라
꽃 피는 숲속 어디든
꿀 찾아 날아가는 습성을 배운다

눈 맞고 추위에 떠밀려
철새가 돌아온 날

나는 꼼꼼히 날개 다듬는 습관을 가졌다

콩나물 추억

매끈하게 뻗은 시원한 다릿결
콩나물은 태양초와 궁합이 딱 맞지
주머니가 홀쭉한 날 무한 리필 콩나물국은
묵묵히 온 식구의 밥상을 책임졌어

물 한 모금에도 생생한 너
비좁은 시루 속 셋방살이에도
아삭하게 견뎌낸 너

그 시절 콩나물은
적금을 깨지 않아도 부뚜막을 지키던
고마운 앵콜송이었지
엄마표 해장국, 톡 쏘는 성깔은
축 처진 아버지 어깨를 세웠고
둘째 시간 끝나기 무섭게 까먹던
콩나물 도시락 비빔밥
여고 시절 총각 선생님을 불러내곤 하지

늙은 김치와는 스스럼없는 어깨동무였지

동심원 1

커피 한 잔에도
동심원이 퍼진다

시간은 어느 별에서 생겨 나와
한줄기 흘러흘러
내 안마당에 발을 디딘 것일까

비 오는 저녁
붉은 찻잔에 다소곳이 떠다니는
물결 하나

선죽교* 돌다리 건너
무표정한 덤불 사이
승자도 패자도 없이
멀쑥하게 서 있는 비석 하나

시간의 강 거슬러 기억해 낸
지난날의 숨결
나는 그날 현장에 유유히 떠돈다

그 장면, 숨죽여 지켜보았을
뿌리 내린 대나무숲
죽순이 한창이다

역사는 머물다 사라지고
사라지는 듯
다시 굴러가는 것일까

열린 창문의 바람에 실려 퍼지는
그을린 커피 향
녹슨 피비린내의 기억을
감싸고 돈다

*조선 개국 직전 정몽주가 이방원에게 피살된 장소

동심원 2

침묵 하나 던지면
세상이 보이는

심연 같은 존재

너를 본 순간
내 안에
깊은 내면이 생겼다

dead mask

험상궂은 날씨에
풍문으로 밀려온 녹조라떼

그 살인적 독소에 살아남은
가시복어 한 마리

손바닥만 한 가두리 어장
하류에 방류되어 숨을 몰아쉬듯
새벽부터 퍼덕거린다

그는 등 돌린 은행 문턱보다
가족이라는 이름이 낯설었다

그는 오늘도 휘청이는 수레바퀴에
녹슨 왕년 둘러메고
또다시 햇살을 기웃거린다

가장이라는 이름으로

소리분수

김포 공항 이착륙 길에 걸쳐 있는
서서울호수공원

분 단위 비행기가 하늘을 가르면

아이들은 손 닿을듯한 바퀴에
손 키스를 보내고
비둘기는 아이들 눈치를 따라다닌다

지문에 따라 41개 분수가
무지개 옷을 갈아입으면
캉캉춤, 서막이 오른다

소풍 나온 사람들 귀를 막기 위한
속임수처럼

물방울은 지옥 갤럽*으로 분장한다

4분의 2박자에 맞춰
피아노 건반, 두드릴 때마다
하얗게 분사되어 뻗어나가는 각선미

그 순간
호수 한 가운데 오페레타**
은빛, 음표들이
물속으로 퇴장한다

*캉캉을 대표하는 음악
**작은 오페라

왼발잡이 고라니 봄

변덕스런 여름날 오후
산책 나선 고라니 한 마리
무심코 디딘 오른쪽 발걸음

따악

찰나의 파열음과 마주 선
공포의 덫
순식간, 쇠 파편이 부채꼴로
치솟아 오르고
검붉은 연기에 처박힌 고라니

비명조차 멈춰 선 통증의 잔해
그는 쑥부쟁이 뜯으며
새끼 품던
개암나무 숲에 등을 급히 감췄다

길고 혹독한 터널 지나
사람 발길 끊긴 사냥터에
어느덧 총성이 멈춰선 땅

무너진 철책 너머
봄바람에 평화가 움트기 시작한다

나팔꽃, 삼손이, 육손이 덩쿨
이름 모를 벌, 나비와
둥지 튼 뱁새 부부

땅바닥에 한쪽 발 닿을 듯 말 듯한
늙은 고라니
달빛 아래, 녹슬어가는 철조망이
그를 지키고 있다

부라더 미싱

거실, 한가운데 우두커니 서 있는
치부책

나는 백수(百壽)가 낼 모레인
그녀 보물 1호
문틈으로 바람 들락거리듯
셋방살이했어도
내어준 적 없는 그 자리

첫 손자의 금 단추, 중학 교복은
내 최고 걸작품이었어

그녀 쪽진 머리칼 바르고 남은
아주까리기름은
내 늙은 뼈마디가 삼키는 영양제였지

그녀가 잠 못 드는 밤
나는 그녀 말귀를 한 번에 알아들었어

동란의 잔해가
사방에 흐느적거리던 시절
아홉 식구 패션, 등에 지고 달려온
내 다큐멘터리

나는 병들어도 버릴 수 없는 역사를
공그르기하고 있지

스크루지와 고양이

폭설주의보가 내려진 첫날
나는 국립병원 시험관에서 깨어났지

사람들은 저마다 제 입맛대로
내 뒷모습을 수군거렸어

나는 고드름 벽을 사방에 세우고
사람 그림자를 들여놓지 않았지

크리스마스 시즌
은방울 소리처럼 맑은 눈망울의 고양이 한 쌍
북 치는 소년으로 분장한 나와 눈맞았지

그들은
체온을 지닌 첫 번째 방문객이었거든

녀석들의 숨겨진 발톱은
웃어본 적 없는 내 근육을 조심스럽게 마사지했어

내가 장난삼아 멀리서 먹잇감을 던지면
녀석들은 제 자존심을 명중시키며 매끄럽게 뛰어올랐지

배부르면 뒤돌아보지 않는
철딱서니 없는 태도도 나는 왠지 맘에 들었어

단순함이 좋을 때가 많거든

내 장난이 기다림으로 바뀌자
녀석들은 낄낄거리며 뒷담화를 까기 시작했지

녀석들은 지금 어느 별빛 반사되는 언덕에서
빗장 푼 내 모습을 지켜보고 있을 거야

그곳에도 러시아산 북어대가리가 있을까

화요일은 알토란국

일주일에 한 번 찾아오는
동네 알뜰시장
장터 가판대는 눈빛들의 잔칫상

정 여사, 오랜 친구 만난 듯
토란에 말을 건다
젊은 날
논두렁 끝까지 심었다던
울퉁불퉁 못생긴 토란들

주름살투성이 녀석들을
집으로 데려와 민낯 홀랑 벗겨보니
매끈한 속살은
갓 시집온 새색시, 수줍은 미소 같다

동글납작한 얼굴에
잔털로 싸여 잘 빠진 다리
버릴 게 하나 없다

토란국 좋아하는 우리 엄마
정 여사표 국물 맛은
언제나 간이 맞고 따뜻했었다

그 맛 흉내 내 밥상에 올리면
"참, 오랜만에 먹으니 맛있다"

들깨 뒷맛은
정 여사 접어둔 옛이야기.한 자락처럼
그리움으로 밀려든다

정 여사의 기억은 시들어도
그 맛은
화요일마다 알토란처럼
되살아난다

제비뽑기

아무도 모르게 천사표 놀이가 시작된다

레시피가 모여들어
요리꽃을 피운다
숨죽인 신분, 짭조름한 별명
솜씨 좋게 빚어놓은 자기소개서

날개 없는 천사들이
여기저기서 풍선을 불어댄다

나는 미대 교수 이미지를
허벅지에 올려놓고
기럭지와 패션을 크로키 한다

팡파르가 울리자
월계관 눌러 쓰고 등장한 몽골리안 곱추

나는 순간, 뜨개질하다 빠뜨렸던
그 빈대코가 떠올랐다

바람의 귀엣말

바람 불면
마른 나뭇가지는

하나뿐인
바람 이야기를 듣는다

오로지
듣는다

고추밭

하얀 별사탕처럼
반짝이는 눈을 가진 고추꽃

바람 한 점에
새끼손톱만 한 붓자루가 달린다

여름 햇살에 이마를 쪼이자
활짝 달아오른다

그는 어느 날
날아든 호랑나비 날갯짓에
넋을 잃고 만다

그는 닥치는 대로 나비를 그렸다

호랑나비 그 유연한 곡선은
하늘조차 한쪽 눈을 스르르 감았다

대담한 야수파의 붓놀림
그의 터치는
단숨에 고추밭을
원색의 물결로 뒤흔들었다

장마가 끝날 무렵
고추밭은
탄저병이 돌아 회색 톤으로 시들어가고
날갯짓은 자취를 감추었다

그때, 눈에 띄지 않던
무당벌레 한 마리
온몸으로 고름을 덜어내기 시작했다

나팔꽃

먼 나라에서 귀화해온 꽃
아침이면, 바람 무릎 베고
굿 모닝을 피운다

가만가만 흘러나오는 목소리
쉿, 지금은 가족회의중

목청 돋운 기상 나팔
멈추지 않기로 한다

비바람에 젖고
참깨밭 주인에 넝쿨 차여도
잘 익어가는 참깨향을 닮기로 한다

한순간 뜨겁게 살다 가는 삶
좌우명은, "활짝 웃자"

그는 단옷날
꽃가루 한 줌, 나비등에 얹어 보낸다